Hannah Valentin

50 gute Gründe, sich heute Gutes zu tun

Hannah Valentin

50 GUTE GRÜNDE

... sich heute Gutes zu tun

HERDER FREIBURG · BASEL · WIEN

Eigentlich ist es einfach, sich etwas Gutes zu tun. Ich brauche dazu weder Fitneßstudio noch Beautyfarm, und ich pfeife auch auf Kalorientabellen und die neuesten Wellnesstips. Es genügt, in mich hineinzuspüren und wahrzunehmen, was gerade da ist: Wo in meinem Körper fühlt sich etwas unangenehm oder verkrampft an? Ist mein Geist ruhig oder unausgeglichen, bin ich traurig, nervös oder gelassen? Nach einer solchen Momentaufnahme weiß ich meist genau, was das richtige für mich ist. Das kann ein ruhiger Leseabend in meinem Lieblingssessel sein, die Katze schnurrend zu meinen Füßen, oder ein anstrengendes Tennismatch mit einer Freundin. Ich lasse mich von meinem Gefühl leiten, ganz gleich, ob es mich in die Badewanne oder ins Kino, auf die Yogamatte oder in ein teures Restaurant führt, denn niemand weiß so gut wie ich, was mir jetzt, in diesem Moment, wirklich guttut.

Ich tue mir Gutes, indem ich mir Schönheit schenke: einen Strauß Rosen für den Tisch vor dem Fenster, ein Bild in den Farben des Sommers oder einen Spaziergang durch den Frühlingswald, an dessen unendlichen Nuancen von Grün ich mich niemals satt sehen kann. Müßig wandert mein Blick über glatte und rauhe, stumpfe und glänzende Oberflächen, an denen sich das Licht bricht, und vermittelt mir eine Ahnung von der Beschaffenheit der Dinge. Er trinkt die Frische des Frühlings, Tauperlen von samtenen Purpurblüten. Ihre Schönheit verströmt sich rückhaltlos. Sie ist da, um bewundert, genossen, geteilt zu werden. Jetzt ist genau der richtige Zeitpunkt dafür.

Wenn die ersten vorwitzigen Schneeglöckchen zu sehen sind, spaziere ich gerne durch die in der Wintersonne dösenden Weinberge und sehe den Winzern beim Schneiden der Reben zu. Lange habe ich gerätselt, warum sie an ihren mächtigen, knorrigen Weinstöcken nur eine einzige Rute stehenlassen, bis mir eine alte Weinbäuerin erklärte, daß so zwar der Ertrag geringer ausfalle, die Qualität der Trauben aber deutlich steige. Die Kraft, die der Weinstock aus der Erde, der Luft und der Sonne zieht, verströmt sich nicht in viele Trauben, sondern kommt nur wenigen, aber dafür voll und ganz zugute. Seitdem ist ein Spaziergang durch die Reben für mich immer auch ein Anlaß zum Nachdenken: Wo verzettele ich mich? Welchen Dingen gehe ich nur halbherzig nach? Auf welche Ziele will ich meine Energie konzentrieren, damit der Wein meines Lebens nicht schal und wässrig, sondern kraftvoll und rund schmeckt?

Es gibt nichts Gutes, außer man tut es", sagt ein populäres Sprichwort. Es ist zugleich ein Appell, sich für sich selbst und andere genügend Zeit zu nehmen. Gutes, was immer es sein mag, entsteht nicht unter Zeitdruck: Wenn ich Freunde einlade, möchte ich mit ihnen bis in die Nacht im sommerwarmen Garten schwatzen; den lang ersehnten Abendspaziergang, der immer wieder scheinbarer Zeitnot zum Opfer fiel, kann ich nur dann genießen, wenn ich nicht im Sturmschritt durch die Wiesen stapfe. Mit dem Wohlbehagen verhält es sich wie mit dem Duft von Parfüm: Es braucht eine Weile, um sich zu entfalten.
Gemächlich schlendere ich den altvertrauten Pfad entlang. Das Wogen der Ähren erscheint mir wie ein Gleichnis für das Leben, wie ich es mir wünsche: bewegt, harmonisch und im Einklang mit den Elementen.

Vor einigen Monaten hatte eine meiner Kolleginnen eine ebenso einfache wie geniale Idee. Um das triste Einerlei unserer wöchentlichen Konferenz bei Leberwurstbroten, Zigarettenqualm und Instantkaffee aufzulockern, schlug sie vor, jede Woche einen anderen „Zeremonienmeister“ zu ernennen. Mit großer Spannung öffnen wir seitdem jeden Mittwoch die Tür zum Sitzungsraum. Mal erwartet uns ein mexikanisches Buffet, mal werden wir zu einem Picknick in den angrenzenden Park gebeten, mal dampft verheißungsvoll das Waffeleisen. Und immer ist der Tisch gedeckt, gibt es Blumen, bunte Servietten und eine freundliche Begrüßung. Selten war die Atmosphäre im Büro so heiter und gelöst ...
Manchmal braucht es nur ein wenig Phantasie, um Farbe und Fröhlichkeit in einen grauen Arbeitstag zu zaubern.

Ein neuer Pullover, ein weiteres Paar Schuhe, der zwanzigste Schal ... Meine Versuche, mir mit Frustkäufen Gutes zu tun, enden immer gleich: Schon nach kurzer Zeit verfliegt die Euphorie und macht einer Leere Platz, die sich schlimmer anfühlt als zuvor. Ich bin schwach geworden, dem Konsumgott auf den Leim gegangen – und kann mir diesen Fehltritt kaum verzeihen. Warum eigentlich nicht? Halte ich mich denn für die heilige Johanna der Warenwelt?

Ich möchte mich heute von meinem schlechten Gewissen verabschieden. Das Bild von mir selbst wird dabei ein paar weitere Beschädigungen davontragen, Flecke und Kratzer, die ihm die Patina gelebter Erfahrung verleihen. Schon längst ist es nicht mehr makellos rein. Dies zu akzeptieren ist das Beste, was ich tun kann.

Zum Schutz vor den Anforderungen, die jeden Tag so zahlreich auf uns niederprasseln, legen wir uns, oft ohne es zu merken, einen Panzer zu. Unser Körper reagiert schon, bevor wir etwas bewußt als Belastung wahrnehmen: Fast täglich kann ich mich dabei ertappen, daß ich mit hochgezogenen Schultern und verspanntem Nacken am Schreibtisch sitze – und ein Blick in den Spiegel zeigt mir dann zusammengepreßte Lippen und ein Dauerrunzeln auf meiner Stirn. Wie befreiend ist es dann, einfach loszulassen: Ich atme tief durch, gebe die verkrampften Kiefermuskeln frei, lasse die Schultern schmelzen und wieder zu einem Teil des Rückens werden. Meine gefurchte Stirn glättet sich, als hätte jemand Öl in die Wogen gegossen, und plötzlich ist es wieder möglich, sich entspannt zurückzulehnen und zu lächeln.

Manchmal bereitet es mir eine buchstäblich diebische Freude, dem lieben Gott die Zeit zu stehlen und meine Beute in aller Ruhe aufzuzehren. Besonders gut eignet sich hierfür das Dunkel eines Kinosaals, in dem ich mir unbehelligt vom Spott meiner Familie den Geruch von Freiheit und Abenteuer in die Nase steigen lasse. Schon sehe ich mich am Lagerfeuer sitzen und glückselig in die Glut starren ... Dann heult der Präriewolf, und in der Ferne taucht ein kleines Mädchen auf. Sein hungriges Herz hämmert im Rhythmus der Wildnis. Verschmitzt schaut es mir ins Gesicht. „Bist du dabei?“ scheint es zu fragen. „Feuer und Flamme“, flüstere ich ihm ins Ohr und verschwinde an seiner Seite hinter der Leinwand.

Willst du glücklich sein im Leben, trage bei zu andrer Glück, denn die Freude, die wir geben, kehrt ins eigne Herz zurück" – dieser mahnende Vers fand sich gleich dreimal in meinem Poesiealbum. Auch wenn ich die biedere Küchenpoesie dieser Zeilen schon als Teenager nicht sonderlich mochte: Den Menschen um uns herum mit einem freundlichen Lächeln oder zupackenden Händen, mit einem liebevoll ausgesuchten Geschenk, einer Umarmung oder den richtigen Worten zur richtigen Zeit etwas Gutes zu tun, macht diese Welt nicht nur zu einem freundlicheren Ort, es erfüllt uns auch mit dem trost- und kraftspendenden Gefühl tiefer Verbundenheit mit allem, was uns umgibt.

Vor kurzem sah ich einen Fernsehbericht über ein junges Ehepaar, das auf die Frage nach seinen Zukunftsträumen nichts zu antworten wußte. Es hatte schon alles: Ein Haus im Grünen, eine wohlgeratene Tochter, eine Bilderbuchkarriere – wunschloses Glück schien sich bei dieser Familie für immer sein Auskommen gesucht zu haben. Und doch glaubte ich in den Zügen der beiden Erwachsenen eine Spur von Enttäuschung zu erkennen. Spontan kam mir in den Sinn, daß ihnen möglicherweise des Guten zuviel widerfahren war.
Es erschien mir plötzlich wichtiger als alles andere, mir im Leben Ziele zu setzen, die meinen Möglichkeiten immer einen Schritt voraus sind, die mir Kreativität und Durchhaltevermögen abverlangen. Ich möchte zeigen dürfen, was ich kann.

Als ich mich kürzlich wieder einmal durch den nachmittäglichen Berufsverkehr nach Hause quälte, fiel mein Blick auf einen Aufkleber an der Heckscheibe meines Vordermanns: „Heute schon gelacht?“ Ich brauchte nicht lange nachzudenken, ich hatte tatsächlich den ganzen langen Tag noch kein einziges Mal gelächelt, geschweige denn gelacht. Warum eigentlich nicht? War mein Arbeitstag, waren die Begegnungen und Gespräche wirklich alle so düster und anstrengend, daß es nicht einmal für ein einziges Lachen gereicht hätte? Dabei schenkt uns doch jeder Tag so viele Anlässe zum Schmunzeln, Kichern oder Loslachen. Manchmal reicht es schon, mich selbst und meine Aufgaben und Probleme nicht immer so schrecklich ernst und wichtig zu nehmen, um ein befreiendes Lachen in meinen Tag zu zaubern.

Könnte ich mir an guten Tagen einen Vorrat an Wohlbehagen zulegen und an schlechten Tagen davon zehren, verliefe mein Leben in gleichmäßigeren Bahnen. Ist aber das Glück auf Abruf wirklich das, was ich mir wünsche? Tagaus, tagein sähe ich im Spiegel ein Gesicht voll satter Zufriedenheit, auf dem weder jauchzendes Lachen noch Trauer, noch Wut je wieder Spuren hinterließen. Gut, daß das Leben sich nicht in mundgerechten Happen löffeln läßt, sondern mich täglich aufs neue herausfordert, überfordert, mir seinen Rhythmus aufzwingt. Es liegt an mir, dies als Gelegenheit zu begreifen, immer wieder in die Gegenwart zurückzukehren, wenn ich mich in Phantasien von einer schöneren, besseren, leichteren Zukunft oder Vergangenheit verliere. Jetzt, in diesem Augenblick, ist der richtige Zeitpunkt, mir Gutes zu tun.

Wenn Ärger und Überlastung uns an die Grenzen unserer Kraft gebracht haben, besteht die wichtigste Erste-Hilfe-Maßnahme darin, die Anspannung herauszulassen. Schließlich stammt die Antwort unseres Körpers auf Streß noch aus der Steinzeit. Anders als wir, die wir notgedrungen meist mit zusammengebissenen Zähnen und rasendem Puls hinter unserem Schreibtisch sitzen bleiben, hatten unsere Vorfahren bei einem Angriff nur die Wahl zwischen Kampf oder Flucht, und für beides brauchten sie jede Menge Adrenalin – einen körpereigenen Stoff, der uns, wenn er nicht abgebaut wird, krank machen kann. Wer oder was hindert uns eigentlich daran, hinter verschlossenen Türen in das erste beste Kissen zu beißen, eine Boxbirne im Büro aufzuhängen oder wie eine Furie auf das Unkraut im Vorgarten loszugehen? Es kann so guttun, einmal die Fassung zu verlieren!

Als „moderne" Menschen neigen wir dazu, uns Mittel zur Steigerung unseres Wohlbefindens portionsweise zuzuteilen und zu bestimmten Zeiten zu verabreichen. Diesem Zeitplan wird alles Lebendige in uns untergeordnet: Die Pflege unserer verspannten Körper verschieben wir auf „Wohlfühl-Urlaube" oder Besuche im Fitneßstudio, anspruchsvolle Gespräche auf das Wochenende und Spaziergänge auf regenfreie Sonntage. Da wir uns nur so selten etwas gönnen, verbinden wir damit den Anspruch auf perfekten Genuß, und wehe, der Sonntagsspaziergang endet in einem handfesten Familienkrach. Dann ist das Wochenende verdorben und der Weltuntergang nicht mehr fern.
Gibt es einen besseren Grund, sich heute, nicht morgen und nicht nächstes Jahr, Gutes zu tun?

Es gibt eine hübsche Zen-Geschichte über einen Mann, der in wildem Galopp eine Straße entlangreitet. Ein Passant ruft ihm zu: „Wohin reitest du?“ Der Reiter, schon an ihm vorüber, dreht sich im Sattel um und schreit zurück: „Keine Ahnung, da mußt du schon das Pferd fragen!“ Wenn wir die Zügel in der Hand behalten wollen, ist es bitter notwendig, von Zeit zu Zeit innezuhalten, den eigenen hektischen Alltag mit etwas Abstand zu betrachten und uns zu fragen, ob wir wirklich noch Meister unseres Lebens sind, ob wir ihm immer noch Ziel und Richtung geben oder ob wir uns von sogenannten Sachzwängen tyrannisieren lassen und unsere Bedürfnisse und Gewohnheiten sich so verselbständigt haben, daß sie uns forttragen, irgendwohin, weitab von unserem eigentlichen Ziel.

Manchmal ist das erste Wort, das mir morgens über die Lippen kommt, ein Aber, das sich aus einem schlechten Traum herübergerettet hat. Mit zusammengepreßten Kiefern laufe ich durch die Wohnung und versuche, den Teufel mit dem Beelzebub auszutreiben: Tassen landen klirrend auf Untertellern, Milch ergießt sich über das Tischtuch, und sicher wird gleich auch noch das Marmeladenglas explodieren und seinen Inhalt großflächig über die Küche verteilen. Die drei Menschen, die nach all dem Aufruhr schließlich mit mir am Tisch sitzen, scheinen das anders zu sehen. „Aber", sagen sie im Chor, und dann beginnen sie aufzuzählen, warum dieser Tag Gutes verspricht: weil sich soeben ein schillernder Falter auf der Fensterbank niedergelassen hat, weil meine Nase mit Sommersprossen übersät ist, weil die Luft plötzlich lau ist und duftet, weil ... weil es immer etwas gibt, worauf man sich freuen kann.

Menschen, die sich und anderen guttun, verfügen meist über die kostbare Gabe der Großzügigkeit – wie die aus Paris in ein karges dänisches Fischerdorf geflüchtete Titelheldin in Tania Blixens Erzählung Babettes Fest, die eine ungewöhnliche Verwendung für ihren unverhofften Lotteriegewinn findet: Sie lädt die Dorfbewohner zu einem Festmahl ein. Die Zutaten für das verschwenderische Menü läßt sie ohne Rücksicht auf die Kosten aus aller Herren Länder kommen. Im Laufe des Abends wandelt sich die zwischen Ablehnung und mißtrauischer Vorsicht schwankende Haltung ihrer Gäste. Exquisite, kunstvoll zubereitete Speisen und erlesener Wein machen aus den an Haferschleim gewöhnten, freudlosen Dörflern heitere, sinnenfrohe Menschen, die zum ersten Mal fünf gerade sein lassen können – eine Erfahrung, die ein ganzes Leben verändern kann.

Das Leben hat mich gelehrt, daß selbst in den traurigsten Stunden Momente des Glücks aufblitzen können, die mir das Entsetzliche zu ertragen helfen. Oft sind es kostbare Augenblicke der Nähe, die meinen Schmerz zu lindern vermögen. Eine mitfühlende Geste nimmt mir die Angst, von der Traurigkeit in einen bodenlosen Abgrund gerissen zu werden, aus dem es kein Entrinnen gibt. Ich weiß nicht, wie es in der Hölle aussieht. Daß mir diese Erfahrung bisher erspart geblieben ist, verdanke ich den Menschen, die mich lieben und ihr Leben mit mir teilen. Solange sie mich begleiten, brauche ich um mein Wohlergehen nicht zu fürchten.

Der Dichter Christian Morgenstern hätte am liebsten täglich im ganzen Land einen Glockenton ertönen lassen, der allein dazu dienen sollte, „den Menschen in Erinnerung zu rufen, daß sie nicht nur Bürger von diesem Namen und jenem Stande seien, sondern unerforschliche Teile des Unerforschlichen“. Die Gefahr, daß wir in einer entzauberten Welt satt und mehr oder weniger zufrieden nur noch unseren Alltagsgeschäften und Konsumwünschen nachgehen und geistig und seelisch immer mehr abstumpfen, ist heute, mehr als hundert Jahre später, wohl noch größer geworden. Wie gut tut es uns, von Zeit zu Zeit aufgerüttelt zu werden durch die plötzliche Erkenntnis, daß diese Welt und unser Leben immer noch unbegreifliche Wunder sind, Wunder, die uns verpflichten, mit uns und allem, was lebt, achtsam und respektvoll umzugehen.

Es geschah, als ich bei Freunden zum Kaffee eingeladen war: Die Sonne strömte durch Butzenscheiben in Streifen über eine Landschaft aus Kirschkuchen, Sahnebergen, geblümten Tassen und nickenden Teerosen. Im Licht tanzten Staubkörnchen einen gemächlichen Tanz. Ins Schauen versunken, stand ich da und dachte: Dies ist das Paradies.
Gedankenverloren hatten meine Freunde diesen Tisch gedeckt. Ohne Anstrengung, absichtslos war es ihnen gelungen, einen winzigen Ausschnitt der Welt in heiteres Licht zu tauchen und so etwas Vollkommenes zu schaffen, das noch Wochen später als Erinnerung lebendig sein würde. Ich begriff, daß es die Leichtigkeit ist, die das Glück des Augenblicks zum Verweilen einlädt.

Viele Menschen müssen, bevor sie daran denken können, sich etwas Gutes zu tun, erst einmal lernen, sich nicht dauernd selbst auszubeuten. Gerade Frauen glauben oft, ihr Lebenssinn läge darin, stets und ständig für die Bedürfnisse anderer da zu sein – so lange, bis sämtliche Reserven erschöpft sind und die bittere Erkenntnis verdaut werden muß, daß Menschen, die ihre Grenzen nicht kennen und nie gelernt haben, um Hilfe zu bitten, selten mit dem Respekt und der Hilfsbereitschaft anderer rechnen können. Wer sich darin übt, öfter mal nein zu sagen und sich ohne Schuldgefühle auch um seine eigenen Bedürfnisse zu kümmern, wird nicht nur besser mit seiner Energie haushalten lernen, sondern auch die vielleicht überraschende Erfahrung machen, daß er deshalb um nichts weniger geschätzt und geliebt wird.

Als unser Badezimmer neu gefliest wurde, bestand ich auf blauen Kacheln für den Boden und einen Muschelfries als Randabschluß. Es war das Meer, das heißgeliebte Meer des Südens, das diesem Einfall Nahrung gab, und ich bin froh, ihn gegen die anfängliche Skepsis meiner Familie durchgesetzt zu haben. Aus der Badewanne hat man den besten Blick auf all die Muscheln, die wir bei vielen Reisen geduldig zusammengetragen haben. Mit manchen von ihnen verbinden sich abenteuerliche Geschichten von Seeigeln und Riesenkrabben, die meine Kinder noch heute gerne erzählen.

Unser Badezimmer ist für mich eine Oase der Ruhe und Erholung. Manchmal setze ich mich einfach eine Weile auf den Badewannenrand und lasse meine Gedanken in den Süden ziehen. Danach geht die Arbeit mir leichter von der Hand.

Manchmal schenke ich mir einen Tag. Einen Tag, der herausfällt aus der Zeit, einen Tag, der nur mir gehört. Einen Tag ohne Verpflichtungen, ohne Hektik, ohne festes Programm. Die einzige Verabredung, die ich an einem solchen Tag habe, ist die Verabredung mit mir selbst. Ich gehe nicht ans Telefon, lese keine Zeitung, bin für niemanden zu sprechen. Ich habe alle Zeit der Welt. Geduldig kann ich darauf warten, daß ein Wunsch in mir aufsteigt. Vielleicht möchte ich eine lange, einsame Wanderung machen oder ein mehrgängiges Menü kochen und Freunde dazu einladen. Vielleicht will ich auch nur im Liegestuhl dösen, dem Gras beim Wachsen zuschauen und Gedichte lesen. Was immer es ist: An diesem Tag, den ich mir schenke, höre ich nur auf meine Wünsche.

Welche Farbe hat das Glück? Ist es rot wie ein Mund voller Kirschen, bernsteinfarben wie Honig auf einem Butterbrot, blau wie ein kühler Ozean? Ein Stein liegt in meiner Hand. Er ist von jenem fahlen Beige, das nur das ewige Wogen des Meeres in jahrzehntelanger Arbeit ans Tageslicht wäscht. Er ist sauber, aber nicht schön. Gäbe es ihn nicht, wäre mir das Wasser, aus dem ich ihn nahm, weniger blau erschienen. Wenn ich mich fühle, wie dieser Stein aussieht, von jenem fahlen Beige, das ins Trostlose spielt, hülle ich mich in eine Farbe, die ihm widerspricht. In Feuerrot oder Pfefferrot, in Saphir- oder Indigoblau, in Smaragd-, in Jade- oder Apfelgrün. Schon ein winziger Tupfer einer dieser Farben erinnert mich daran, daß Kontraste das Leben so bunt machen – und daß es eine Gabe des Himmels ist, ihnen Tag für Tag Ausdruck verleihen zu können.

Wenn du lange in einen Abgrund blickst", schrieb Nietzsche einmal, „blickt der Abgrund auch in dich hinein." Es gibt wohl kaum ein treffenderes Bild für das, was mit uns geschieht, wenn wir uns in den Untiefen unserer Seele, in den Schrecknissen und dem Schmerz dieser Welt mit ihren unauflösbaren Widersprüchen verlieren. Natürlich sind sie da, die Abgründe in uns und um uns herum, natürlich gibt es Leid, Traurigkeit und Niedertracht. Aber wunderbarerweise ist auch immer genug Schönheit, Güte, Licht und Wärme in der Welt, um unseren Blick von den dunklen Tiefen weg zu den Sternen zu lenken. Wer gelähmt in Abgründe starrt, wird der Welt keinen einzigen ihrer Schrecken nehmen – das kann nur der, der bereit ist, einem leuchtenden Stern zu folgen.

Es ist nicht einfach, zwischen dem, was mir wirklich guttut, und dem, was mir scheinbar guttut, zu unterscheiden. Oft kostet es überdies auch noch Überwindung, statt einer spontanen Laune der Vernunft zu folgen oder mit etwas aufzuhören, bevor es anfängt, mir zu schaden. Zuviel, zu groß, zu stark, zu schnell – manchmal komme ich mir vor wie der berühmte Vielfraß Gargantua, der weder Maß noch Ziel kannte. Natürlich weiß ich, daß ich später werde dafür bezahlen müssen, daß Übersättigung sich nicht gut anfühlt und meiner Gesundheit abträglich ist.
Weniger ist mehr, heißt es nicht ohne Grund. Ich gebe die Hoffnung nicht auf, daß diese Maxime auch mir einmal in Fleisch und Blut übergehen wird.

Ein Duft, der von irgendwoher heranweht, rührt plötzlich an vergessen geglaubte Erinnerungen und Gefühle. Wenn mir das würzige Aroma von Rosmarin in die Nase steigt, muß ich nicht nur unwillkürlich an jenen herrlichen, nicht enden wollenden Sommer vor vielen Jahren denken, den ich nach bestandenem Examen mit Freunden in Süditalien verbrachte, ich meine sogar wieder die von der Sonne gewärmten Terrassenfliesen unter meinen bloßen Füßen zu spüren. Ein Hauch von Lavendel beschwört Kindheitssonntage auf dem voller Geheimnisse steckenden Dachboden meiner Großeltern herauf, und die erste Orange des Winters weckt in mir augenblicklich eine unbändige Vorfreude auf Weihnachten. Mit ihrer sanften Magie verführen uns Düfte dazu, in den Schatztruhen unserer Erinnerung Entdeckungen zu machen, die uns nie versiegende innere Kraftquellen erschließen können.

Das Beste ist für mich gerade gut genug“, hörte ich vor kurzem einen Kollegen sagen. Ein Lachen klang in seinen Worten mit, und obwohl auch ich schmunzeln mußte, stimmte dieser Satz mich nachdenklich. Was ist eigentlich das Beste? Und was ist das Beste *für mich*?

Vor ein paar hundert Jahren trachteten die Menschen nach dem Glück eines erfüllten Lebens. Wir heutigen Menschen streben statt dessen nach der Vervollkommnung unserer Güter. Sie sind es, die uns – scheinbar – glücklich machen. Nur eines ist geblieben, wie es war: Absolut sind unsere Wünsche immer gewesen.

Das Lachen in der Stimme meines Kollegen sagte mir, daß er gelernt hat zu wünschen, ohne zu hadern. Er weiß, daß das Vollkommene nicht zu haben ist, und gibt sich Mühe, das Unvollkommene so, wie es ist, zu genießen. Hätte er denn eine andere Wahl?

Natürlich kann ich nicht jeden Tag nach meinen Bedürfnissen gestalten. Die vielen Aufgaben, die erledigt werden müssen, die Menschen, die Anspruch auf meine Zeit und Kraft haben, nehmen nun mal selten Rücksicht auf meine Stimmung. Aber ich kann mir für die Durststrecken meines Alltags kleine Oasen schaffen, in denen ich jederzeit Atem schöpfen und auftanken kann: Ich kann meinen Arbeitsplatz in einen Dschungel aus Grünpflanzen verwandeln und Fotos meiner fröhlich lachenden Kinder aufstellen, ich kann mein Wohnzimmer mit bunten Kissen zum Leuchten bringen, den nächsten Hausputz bei schwungvollen Sambarhythmen erledigen oder mich mit Kinokarten für einen harten Tag belohnen. Was immer es ist, was mich aufmuntert und zum Lächeln bringt: Es liegt in meiner Hand, dafür zu sorgen, daß es mir gutgeht – jeden Tag.

Nach langen Stunden am Schreibtisch tut es mir gut, meinem Bewegungsdrang freien Lauf zu lassen und mich auszutoben. Hektische Umtriebigkeit aber weckt in mir den Wunsch, mich entspannt im Liegestuhl auszustrecken und den heraufdämmernden Abend im Garten willkommen zu heißen.
Körper und Seele suchen immer den Ausgleich. Manchmal staune ich darüber, was sie sich alles einfallen lassen, um mir Wohlbehagen und Glück zu bescheren. Dafür bin ich ihnen unendlich dankbar. Möge es mir immer gegeben sein, meinen Sehnsüchten mit Sympathie zu begegnen und es in vollen Zügen zu genießen, wenn pure Lebensfreude sich ihren Weg durch den Alltag bahnt und mich sagen läßt:
Ja, es ist gut so.

Sich selbst etwas Gutes zu tun ist nicht gleichbedeutend mit „Genuß sofort". So wie ich an trüben, kalten Herbst- und Vorfrühlingstagen säen und pflanzen muß, wenn ich mich viele Wochen und Monate später an leuchtenden Blüten und üppigem Grün erfreuen will, lohnt es sich meist, auch dann ein bißchen Mühe zu investieren, wenn wir nicht postwendend dafür belohnt werden. Vieles, was uns wichtig ist und uns wirklich guttut, kann ohne unsere Bereitschaft, geduldig, vertrauensvoll und ohne feste Erwartungen etwas von unserer Zeit und unserer Aufmerksamkeit zu geben, nicht gedeihen: weder Gärten noch Kinder, weder tiefe Freundschaften noch schöpferisches Tun.

„Ich stand im Schneeregen und mußte nehmen, was kam" – so hörte ich einmal eine alte Frau ihr Leben zusammenfassen. Sie sah ein wenig verloren aus. In ihrem schütteren, dünnen Haar schien sich die Zerbrechlichkeit alles Menschlichen widerzuspiegeln. Doch ihre Augen blickten wach, und ihre Stimme verriet Entschiedenheit und Kraft. Ich stellte mir vor, wie sie einst trotzig in der Kälte ausgeharrt und sich unermüdlich die Tropfen von der Stirn gewischt hatte, entschlossen, das Glück beim Schopf zu ergreifen, sobald es sich blicken ließ. Mochte es ein kleines oder vergängliches Glück gewesen sein – ihr Blick sagte mir, daß sie ihre vielleicht einzige Chance genutzt hatte. Beschämt dachte ich an all die Gelegenheiten, die ich aus Hochmut hatte vorüberziehen lassen. Ich hatte nicht immer nehmen müssen, was kam. Diese Frau jedoch lehrte mich, daß Zufriedenheit auch eine Frage des Zupackens ist.

Seit Kindertagen sind wir umstellt von Sätzen, die wir immer wieder von Eltern, Lehrern und anderen Autoritätspersonen gehört haben und die sich tief in unser Unterbewußtsein eingegraben haben. Denkmuster wie „Ich muß perfekt sein", „Wer A sagt, muß auch B sagen", „Streiten ist Gift für die Beziehung" oder „Das kannst du doch sowieso nicht" bestimmen unser Verhalten oft stärker, als wir glauben. Die eigenen Muster zu kennen und sich mit ihnen auseinanderzusetzen schützt nicht nur vor unnötigen Schuldgefühlen, es bringt auch neue Handlungsfreiheit und frischen Wind in unser Leben und öffnet uns die Augen für das, was uns guttut. Wir müssen nur lernen, den gestrengen Stimmen in unserem Innern öfter mal mutig eine lange Nase zu drehen ...

Ich kann mich noch gut an die Hände meiner Großmutter erinnern. Sie waren rissig und voller Schwielen, und weil sie täglich im Garten arbeitete, haftete unter den Fingernägeln immer ein wenig Erde. Dieser winzige Schmutzrand spendete mir als Kind ungeheuren Trost, wenn ich es wieder einmal nicht geschafft hatte, mich beim Spielen nicht dreckig zu machen. Meine Großmutter kam mit ihren schmutzigen Fingernägeln wunderbar durchs Leben. Das gab mir Hoffnung, daß auch meine Unzulänglichkeiten vom Schicksal gnädig toleriert würden.

Noch heute betrachte ich schwarze Ränder unter den Nägeln mit der Nachsicht meiner Kindheit – auch an meinen eigenen Händen. Sie sind für mich das Sinnbild für eine Lebenshaltung geblieben, die es nicht so genau nimmt mit den Konventionen. Meine Großmutter war ein glücklicher Mensch.

Zu meinen Lieblingsplätzen gehört ein versteckt mitten im Wald liegender See, der so klein ist, daß man ihn vielleicht eher Tümpel nennen sollte. Noch nie habe ich dort auch nur eine Menschenseele getroffen. Ich kenne keinen Ort der Welt, an dem man so gut aus der Zeit heraustreten kann. Den Rücken an den Stamm einer alten Buche gelehnt, tauche ich ein in die tiefe Stille um mich herum. Außer dem Summen der Insekten ist kaum ein Laut zu vernehmen. Ich lasse die Gedanken, die überlaut durch meinen Kopf dröhnen, einfach los, lasse sie vorüberziehen wie Wolken am Himmel, bis schließlich auch sie verstummen. Unter mir spüre ich die Erde, die mich trägt, ich nehme meinen vollkommen gelösten Körper wahr, meine ruhigen, tiefen Atemzüge. Und plötzlich höre ich die zarten Stimmen von Wünschen und Gefühlen wieder, die so selten nur durch die Hektik meines Alltags dringen.

Wie eine Unmenge riesiger Streichhölzer ragten die Stämme in den Himmel, gebettet in einen weichen Flor aus Wollgras, das im Wind sachte hin und her wogte. Kurz nach Sonnenaufgang streiften wir durch einen lichten Birkenwald. Laub raschelte unter unseren Füßen und untermalte die Vogelmusik hoch über uns mit dem Takt unserer Schritte. Der Dunst, der die Tiefen des Waldes unseren Blicken entzog, schien Zug um Zug vor uns zurückzuweichen. Geschah das alles wirklich?
Unwillkürlich mußte ich an die Worte des verträumten, weltabgewandten Prinzen von Homburg denken: „Träum ich? Wach ich? Leb ich? Bin ich bei Sinnen?" Er hatte sich auf der Grenze zwischen Phantasie und Realität nicht zurechtgefunden. Für mich jedoch gab es in diesem Moment nichts Schöneres als das Zusammenklingen von Wirklichkeit und Illusion.

Auch kleine, auf den ersten Blick langweilige und lästige Alltagstätigkeiten können mir guttun und mich mir selbst näherbringen, wenn ich sie nicht hastig und lustlos erledige, sondern ihnen meine ganze Aufmerksamkeit zuwende. Eine Mahlzeit zuzubereiten, Rosen zu schneiden, Schnee zu schaufeln oder Hemden zu bügeln kann zu einer Meditation werden, indem ich mich ganz in den gegenwärtigen Augenblick hineinbegebe und mich mit dem, was ich fühle, rieche, höre und sehe, mit meiner Geschicklichkeit und Kraft verbinde. Manchmal staune ich dann, wie gestärkt und erfrischt ich mich fühle, wenn es mir gelungen ist, das, was zu tun ist, achtsam und liebevoll zu tun.

Vor Jahren hatte ich mit meinem Mann ein Ferienhaus in einem abgelegenen Küstenort gemietet. Einen herrlichen Garten, schlicht, aber charmant möblierte Räume hatte der Prospekt uns versprochen. Als wir unser Feriendomizil schließlich betraten, war ich entsetzt: Der herrliche Garten entpuppte sich als Unkrautwiese, und der Charme dieses baufälligen Kleinods erschöpfte sich in der Frage, wann das altertümliche Bett wohl unter uns zusammenbrechen würde. Mir kamen die Tränen, und mein Mann brach – herzlos, wie ich fand – in schallendes Gelächter aus.
Zwei Tage später hatte ich meinen Humor wiedergefunden. Im Unkraut verbarg sich so manche Blume, und wenn unser Haus in der Abendsonne leuchtete, fühlte ich mich dort pudelwohl. Manchmal tut es gut, seine Ansprüche in den Wind zu schreiben.

Nichts Schöneres unter der Sonne, als unter der Sonne zu sein" – heißt es in einem Gedicht von Ingeborg Bachmann, einem wunderbaren Lobgesang auf ein Gestirn, ohne dessen wärmende Strahlen kein Leben auf unserem Planeten möglich wäre. Die belebende Kraft der Sonne ist nicht nur von Dichtern besungen, sondern inzwischen auch von Wissenschaftlern bestätigt worden. Wer es nicht übertreibt, kann die wohltuende Wirkung der Sonnenstrahlen am eigenen Leib erfahren: Sie machen uns widerstandsfähiger, wirken positiv auf unsere Stimmung und schenken uns neue Energie und Lebensfreude. Sooft ich kann, bade ich meine Augen im Licht, lasse mich durchströmen von der pulsierenden Wärme und Kraft, die die Sonne uns in so verschwenderischer Fülle spendet. Nichts Schöneres unter der Sonne, als unter der Sonne zu sein.

Auf einem unserer Urlaubsfotos sieht man, halb verdeckt von einer sich im Wind bauschenden Gardine, eine weit geöffnete Terrassentür, einen kleinen Balkontisch und eine Flasche Wein mit zwei Gläsern. Direkt dahinter beginnt das Meer. Dieses Bild hängt an einer mit Bedacht gewählten Stelle in unserem Wohnzimmer. Es lädt dazu ein, sich Tagträumen hinzugeben und sich vergangene Stunden des süßen Nichtstuns in Erinnerung zu rufen. „Weißt du noch, damals ...“ lautet das Zauberwort, das uns beim Blick auf dieses Foto noch im heftigsten Streit ein Verschwörerlächeln entlocken kann.

Manche Erinnerungen sind mehr als Erinnerungen. Sie sind ein Teppich unter unseren Füßen, auf dem es sich wunderbar weich gehen läßt.

Der griechische Philosoph Sokrates vertrat die interessante Theorie, ein gutes Leben sei der Ausgangspunkt und das Ziel allen menschlichen Strebens. Damit meinte er allerdings nicht soviel Bequemlichkeit und Genuß wie möglich, sondern die Entfaltung aller körperlichen und geistigen Kräfte. Ein Mensch, der sich in alle Richtungen entwickeln darf, der seinen Geist schärft, seine Sinne pflegt, sich in vielen Künsten und Fertigkeiten übt und seinen Körper sorgsam behandelt, lebt, so glaubte Sokrates, nicht nur sich, sondern auch anderen zur Freude. Das „Gute", auf das auch spätere Denker den Menschen verpflichtet sehen wollten, hat hier noch keinen moralinsauren Beigeschmack, es ist nichts, zu dem man sich aus abstrakten ethischen Gründen zwingen müßte, sondern ein tiefes, ureigenes Bedürfnis jedes Menschen, dessen Erfüllung ein Leben, eine Familie, eine Gesellschaft glücken läßt.

Mir Gutes zu tun bedeutet auch, sagen zu können: Es ist gut so, wie es ist. Was immer ich getan oder gedacht habe, brauche ich nicht besser zu tun oder zu denken. Es steht mir frei zu entscheiden, wann ich mein Möglichstes geleistet habe, und es dabei bewenden zu lassen.
Mir diese Haltung anzueignen ist mir nicht leichtgefallen. Allzu stark war oft der Drang zur Perfektion, allzu schmeichelhaft das Lob, wenn ich wieder einmal meine Grenzen überschritten hatte. Die Rückkehr in den Alltag glich dann dem Betreten einer Wohnung, deren Tür ich nach einem rauschenden Fest einfach hatte ins Schloß fallen lassen. Es roch muffig darin, und vor mir türmte sich ein Berg ungespültes Geschirr. Wieder Ordnung zu schaffen dauerte lange und war mühsam – zu mühsam, um immer wieder damit zu beginnen.

Seit Kindertagen gehört das Märchen von den Bremer Stadtmusikanten zu meinen Lieblingsgeschichten. Schon immer habe ich den Esel, den Hund, die Katze und den Hahn gemocht, die sich nicht resignierend in ihr trostloses Schicksal ergeben, sondern beharrlich und listig für ihr Recht auf ein anderes, ein besseres Leben kämpfen. Wenn mir mein Optimismus abhanden zu kommen droht, denke ich gerne an die tapferen Musikanten aus meinem Märchenbuch. Wieviel illusionslose Klarheit, wieviel rettender Trotz, wieviel Mut und Selbstvertrauen liegen in den Worten, mit denen sie aufbrechen: „Etwas Besseres als den Tod finden wir überall."

Gut kann so vieles sein. Gut kann freundlich bedeuten, voller Hoffnung, glücklich oder ausgelassen. Gut ist ein schmackhaftes Essen, das Zusammensein mit Freunden, ein Sommertag am See – es ist das Lebenselixier, das meinen Alltag mit Freude erfüllt. Dabei vergesse ich gerne, daß diese Freude nicht ganz umsonst zu haben ist: Ich muß etwas dafür tun, damit sie mir gewogen bleibt. Sollen meine Freunde sich nicht eines Tages von mir abwenden, muß ich mir Zeit für sie nehmen. Möchte ich Freundlichkeit erfahren, darf ich anderen nicht unfreundlich begegnen. Es liegt an mir, dem Glück Impulse zu geben.

Bei halbwegs guter Gesundheit zu sein ist den meisten von uns so selbstverständlich, daß wir keinen Gedanken an unser Wohlbefinden verschwenden, bis sein plötzliches Fehlen uns vor ernste Probleme stellt. Kümmern wir uns dann um unseren erkrankten Körper, geschieht das meist mit der sauren Miene des Verzichts: Wir versagen uns etwas, weil es unserem bereits aus dem Takt geratenen Herzen oder dem empfindlichen Magen weiteren Schaden zufügen könnte. Im alten China wurden die Ärzte nur so lange bezahlt, wie der Patient gesund war. Die Heilkunst galt weniger dem verbissenen Kampf gegen die Krankheit, der Reparatur von Schäden, sondern der Erhaltung des Wohlgefühls, dem freien Fluß der Energie. Warum gönnen wir uns nicht jetzt und hier und jeden Tag etwas, was uns guttut, statt uns später auf das konzentrieren zu müssen, was wir uns nicht mehr erlauben dürfen?

Die Winter meiner Kindheit – das waren Eisblumen an den Fensterscheiben, Berge von Schnee und zugefrorene Tümpel, auf denen ich mit meinen Schlittschuhen mehr oder weniger elegant dahinglitt. Kehrte ich mit halberfrorenen Füßen von meinen Ausflügen zurück, erwarteten mich zu Hause eine Tasse heiße Schokolade und eine metallene, in Leinen eingeschlagene Wärmflasche unter der Bettdecke. Solche Wärmflaschen gibt es heute nicht mehr. Sie gehörten in bitterkalte Schlafzimmer mit eisigen Betten, auf denen Laken und Paradekissen jeden Morgen akkurat zurechtgezupft wurden.
Jeden Winterabend legte meine Mutter mir diese Wärmflasche ins Bett. Es mochte noch so frostig sein – mit kalten Füßen habe ich nie einschlafen müssen.

Die Nahrung, die ich täglich zu mir nehme, soll nicht nur meinen Hunger stillen, sie ist vor allem dazu da, Freude und neue Energie zu spenden und Körper, Geist und Seele zu stärken. Da macht es schon einen Unterschied, ob ich im Stehen schnell eine Currywurst verdrücke oder genießerisch in einer sorgfältig aus frischen Zutaten zubereiteten Mahlzeit schwelge, die auch meine Sinne nährt: Wie wunderbar satt macht das tiefe Rot reifer Tomaten, der Duft eines gegrillten Fischs, das würzige Aroma der Kräuter, die säuerliche Kühle von Himbeeren, der bittere Nachgeschmack eines rabenschwarzen Espressos ...

Gut für mich selbst zu sorgen scheint mir der beste Humus für das Gedeihen meines Wohlbefindens. Das heißt nicht, daß ich beim Einfahren der Ernte immer die süßesten Früchte für mich beanspruche. Allerdings begnüge ich mich auch nicht mit verschrumpelten Äpfeln – verbrämt mit vergoldeten Nüssen aus Lob und Anerkennung. Innen sind sie meistens hohl, und beim Knacken zerbirst die schöne Schale.
Gesunder Egoismus ist nichts, wofür ich mich schämen müßte. Warum auch: Er bewahrt mich davor, mit Neid und Mißgunst auf andere zu blicken, die es scheinbar besser getroffen haben. Ich darf mir nehmen, was ich brauche.

Wie unendlich wohltuend kann es sein, sich nach einem langen, ausgefüllten Tag in den Schlaf sinken zu lassen. Wenn ich dann nicht bleischwer vor Erschöpfung sofort in einen Zustand der Bewußtlosigkeit falle, wenn es mir gelingt, für Momente still am Ufer der Nacht stehenzubleiben, dann kann ich spüren, daß sie mich sicher tragen und wiegen wird wie ein sanft schaukelndes Boot über samtschwarzer Tiefe. Ich fühle den leisen Flügelschlag der Träume wie einen zarten, kaum wahrnehmbaren Hauch, der meine Wange streift, und während ich tiefer und tiefer sinke, lade ich sie ein, diese nächtlichen Boten meiner Seele, mir die Kraft für einen neuen Tag zu schenken.

Auf einem Spaziergang begegnete ich einem Paar, dessen heitere Gleichmut mich an den griechischen Mythos von Philemon und Baucis denken ließ. Sie waren nicht mehr jung, diese beiden, und sicher hatten sie den größten Teil ihres gemeinsamen Weges bereits zurückgelegt. Den Gefallen aneinander schienen sie dabei nicht verloren zu haben.

Arm in Arm schritten sie dahin, in Gedanken versunken, ohne Angst, einander irgendwann Lebewohl sagen zu müssen.

Wird es auch uns gelingen, in heiterer Gleichmut gemeinsam alt zu werden? Was können wir tun, um die Heiterkeit zu uns einzuladen und als Dauergast in unserem Leben zu beherbergen?

Vielleicht genügt es schon, sich Tag für Tag ein wenig in der Wärme unserer Zuneigung füreinander zu sonnen.

50 Inspirationen,
das Leben zu verändern

Von Hannah Valentin sind in gleicher Ausstattung erschienen:

50 gute Gründe, heute gelassen zu bleiben
ISBN 3-451-27158-3

50 gute Gründe, heute glücklich zu sein
ISBN 3-451-27157-5

50 gute Gründe, heute den Tag zu genießen
ISBN 3-451-27228-8

50 gute Gründe, sich heute Zeit zu nehmen
ISBN 3-451-27229-6

50 gute Gründe, heute optimistisch zu sein
ISBN 3-451-27532-5

50 gute Gründe, heute dein Leben zu lieben
ISBN 3-451-27809-X

50 gute Gründe, sich heute wohl zu fühlen
ISBN 3-451-27533-3

50 gute Gründe, heute den eigenen Weg zu gehen
ISBN 3-451-27808-1

Buchgestaltung: hoyerdesign grafik gmbh, Freiburg
Herstellung: L.E.G.O. Olivotto S.P.A., Vicenza 2001

ISBN 3-451-27650-X

„**Sonnenstrahlen**“
Ermutigende Gedanken von Phil Bosmans im Verlag Herder

Phil Bosmans / Florian Werner:

Sonnenstrahlen der Freundschaft
ISBN 3-451-26316-5

Sonnenstrahlen der Liebe
ISBN 3-451-26315-7

Sonnenstrahlen der Freude
ISBN 3-451-26076-X

Sonnenstrahlen des Herzens
ISBN 3-451-26079-4

Phil Bosmans / Werner Richner:

Sonnenstrahlen des Glücks
ISBN 3-451-26077-8

Sonnenstrahlen der Hoffnung
ISBN 3-451-26078-6

Sonnenstrahlen ins Leben
ISBN 3-451-26447-1

Sonnenstrahlen der Schöpfung
ISBN 3-451-26446-3

Auf dem Weg zu sich selbst
Spirituelle Kostbarkeiten von Hans Kruppa
im Verlag Herder

Amanda und das Zauberbuch
ISBN 3-451-27162-1

Kaito
ISBN 3-451-27400-0

Sternschnuppen
ISBN 3-451-26588-5